X Avoir

31	1112	5
53	187	4
84	121	3
127	704	5
162	88	"
165	220	"
176	708	8
176	130	10
211	61	8
225	170	6
254	640	17
	4218 — 15	
314	141	11
314	153	10
335	240	17
366	303	15
366	801	10

la Récréation.

ALPHABET
GYMNASTIQUE,
Dédié aux Enfants Studieux.

Orné de 26 Gravures.

Le bon Diable.

Paris.

LOCARD ET DAVI,
Éditeurs.
Quai des Augustins, N° 25.

ALPHABET

GYMNASTIQUE,

CONTENANT :

1° De grosses lettres et les ba, be, bi, bo, bu;

2° Les mots d'une, deux, trois, quatre, cinq et six syllabes, le tout bien divisé;

3° De petites phrases instructives, divisées pour faciliter les enfans à épeler, le tout en très gros caractères ;

4° Un petit tableau historique et amusant des principaux jeux de l'enfance, propres, en exerçant leurs corps, à récréer leur esprit, *ornée de vingt-cinq gravures en taille-douce,* correspondant aux vingt-cinq lettres de l'alphabet, etc.

A PARIS,

CHEZ LOCARD ET DAVI, LIBRAIRES,

QUAI DES AUGUSTINS, N° 25, AU PREMIER.

A	B
C	D
E	F

a b

c d

e f

G H
IJ K
L M

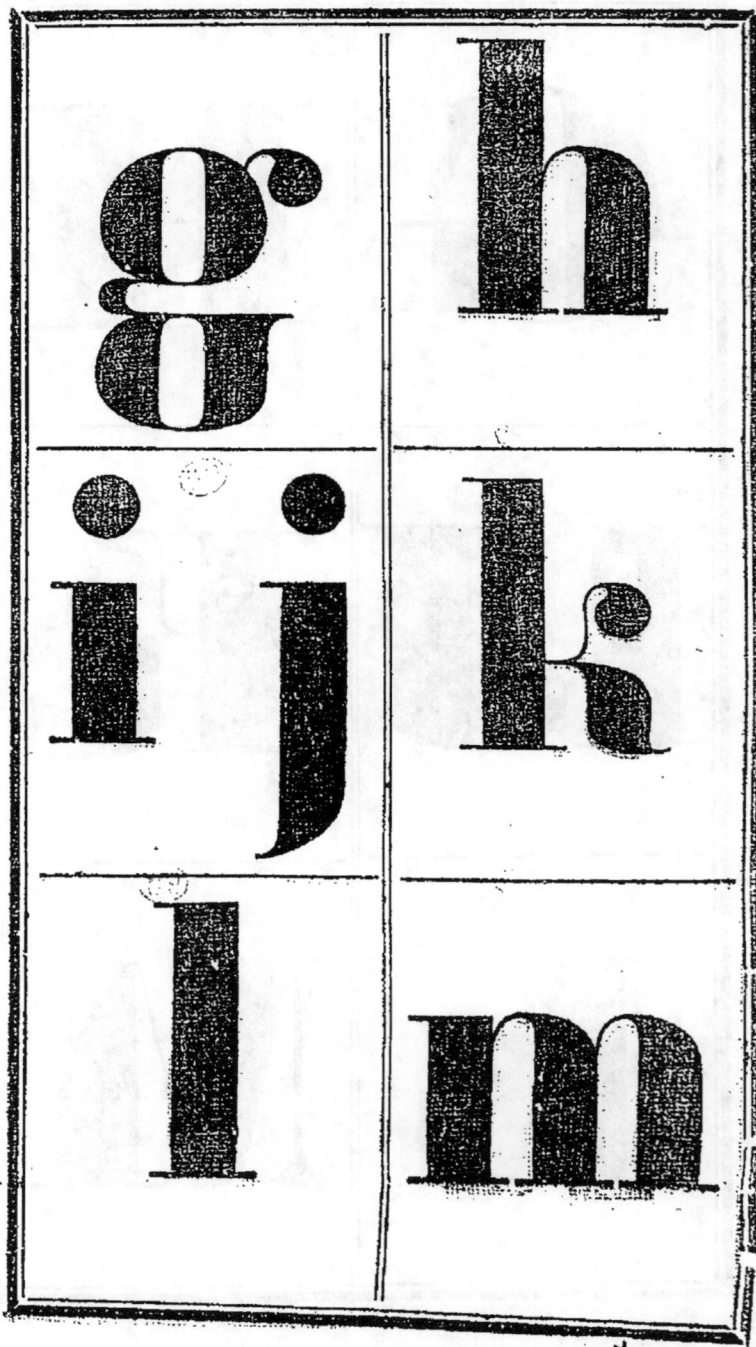

g h
i j k
l m

N	O
P	Q
R	S

n	o
p	q
r	s

T	U
V	X
Y	Z

t	u
v	x
y	z

A B C D

E F G H

I J K L

M N O P

Q R S T

U V X Y Z.

a b c d

e f g h

i j k l

m n o p

q r s t

 u v x y z.

A   B   C   D
E   F   G   H
I   J   K   L
M   N   O   P
Q   R   S   T
U   V   X   Y   Z.

---

a   b   c   d   e
f   g   h   i   j
k   l   m   n   o
p   q   r   s   t
u   v   x   y   z.

Les Lettres doubles.

æ   œ   fi   ffi

ſi   ſſi   fl   ffl

ff   ſb   ſl   ſſ

ſt   ct   &   w

PONCTUATION.

Apostrophe (') l'orage.
Trait d'union (-) porte-feuille.
Guillemet («)
Parenthèses ()
Virgule (,)
Point et virgule (;)
Deux points (:)
Point (.)
Point d'interrogation(?)
Point d'exclamation (!)

2

Voyelles.

a e i *ou* y o u

Syllabes.

ba	be	bi	bo	bu
ca	ce	ci	co	cu
da	de	di	do	du
fa	fe	fi	fo	fu
ga	ge	gi	go	gu
ha	he	hi	ho	hu
ja	je	ji	jo	ju
ka	ke	ki	ko	ku

la	le	li	lo	lu
ma	me	mi	mo	mu
na	ne	ni	no	nu
pa	pe	pi	po	pu
qua	que	qui	quo	quu
ra	re	ri	ro	ru
sa	se	si	so	su
ta	te	ti	to	tu
va	ve	vi	vo	vu
xa	xe	xi	xo	xu
za	ze	zi	zo	zu

ab	ab	ib	ob	ub
ac	ec	ic	oc	uc
ad	ed	id	od	ud
af	ef	if	of	uf
ag	eg	ig	og	ug
ah	eh	ih	oh	uh
ak	ek	ik	ok	uk
al	el	il	ol	ul
am	em	im	om	um
an	en	in	on	un
ap	ep	ip	op	up
aq	eq	iq	oq	uq
ar	er	ir	or	ur
as	es	is	os	us

at	et	it	ot	ut
av	ev	iv	ov	uv
ax	ex	ix	ox	ux
az	ez	iz	oz	uz

---

bla	ble	bli	blo	blu
bra	bre	bri	bro	bru
cha	che	chi	cho	chu
cla	cle	cli	clo	clu
cra	cre	cri	cro	cru
dra	dre	dri	dro	dru
gla	gle	gli	glo	glu
gna	gne	gni	gno	gnu
gra	gre	gri	gro	gru
pha	phe	phi	pho	phu

2*

pla	ple	pli	plo	plu
pra	pre	pri	pro	pru
tla	tle	tli	tlo	tlu
tra	tre	tri	tro	tru

Lettres accentuées.

é	(aigu)
à è ù	(graves)
â ê î ô û	(circonflèxes)
ë ï ü	(tréma)
ç	(cédille)

Pâ-té	**Mè-re**
Le-çon	**Mê-me**
Maî-tre	**A-pô-tre**
Hé-ro-ï-ne	**Flû-te**

Mots qui n'ont qu'un son
ou qu'une syllabe.

Pain	Vin
Chat	Rat
Four	Blé
Mort	Corps
Trop	Moins
Art	Eau
Marc	Veau
Champ	Pré
Vent	Dent
Vert	Rond

(20)

Mots à deux sons, ou *deux syllabes*
à épeler.

Pa-pa	Cou-teau
Ma-man	Cor-don
Bal-lon	Cor-beau
Bal-le	Cha-meau
Bou-le	Tau-reau
Chai-se	Oi-seau
Poi-re	Ton-neau
Pom-me	Mou-ton
Cou-sin	Ver-tu
Gâ-teau	Vi-ce

Mots à trois sons, ou *trois syllabes*
à *épeler.*

Or-phe-lin

Scor-p-ion

Ou-vra-ge

Com-pli-ment

Nou-veau-té

Cou-tu-me

Mou-ve-ment

His-toi-re

Li-ber-té

Li-ma-çon

A-pô-tre

Vo-lail-le

Ci-trouil-le

Mé-moi-re

Car-na-ge

Ins-tru-ment

Su-a-ve

Fram-boi-se

Gui-mau-ve

U-sa-ge

*Mots à quatre sons, ou quatre
syllabes à épeler.*

É-ga-le-ment
Phi-lo-so-phe
Pa-ti-en-ce
O-pi-ni-on
Con-clu-si-on
Zo-di-a-que
É-pi-le-psie
Co-quil-la-ge
Di-a-lo-gue
Eu-cha-ris-tie

*Mots à cinq sons, ou cinq syllabes
à épeler.*

Na-tu-rel-le-ment
Cor-di-a-li-té
Ir-ré-sis-ti-ble

Cou-ra-geu-se-ment

In-con-vé-ni-ent

A-ca-ri-â-tre

In-do-ci-li-té

In-can-des-cen-ce

Ad-mi-ra-ble-ment

Cu-ri-o-si-té

In-e-xo-ra-ble

Mots à six sons, ou *six syllabes à épeler.*

In-con-si-dé-ré-ment

Per-fec-ti-bi-li-té

O-ri-gi-na-li-té

Ma-li-ci-eu-se-ment

As-so-ci-a-ti-on

Va-lé-tu-di-nai-re

Phrases à épeler, divisées par syllabes.

J'ai-me mon pa-pa.

Je ché-ris ma ma-man.

Mon frè-re est o-bé-is-sant.

Ma sœur est bi-en ai-ma-ble.

Mon cou-sin m'a don-né un pe-tit se-rin.

Grand pa-pa doit ap-por-ter un pe-tit chi-en.

Gran-de ma-man me don-ne-ra pour é-tren-nes un che-val de car-ton.

3

J'i-rai de-main me pro-
me-ner sur les bou-le-varts
a-vec mes ca-ma-ra-des.

Thé-o-do-re a un beau
cerf-vo-lant, a-vec le-quel
je m'a-mu-se-rai bi-en.

La mai-son de ma tan-te
à Vau-gi-rard est très-jo-lie.
Il y a dans la cour un beau
jeu de quil-les.

Mon on-cle Tho-mas a
a-che-té un pe-tit é-cu-reuil
que je vou-drais bi-en a-
voir pour me di-ver-tir.

Di-man-che je n'i-rai pas
à l'é-co-le; mon cou-sin
Au-gus-te vi-en-dra me

cher-cher pour al-ler à la pro-me-na-de.

Phrases à épeler.

Il n'y a qu'un seul Dieu qui gou-ver-ne le ciel et la ter-re.

Ce Dieu ré-com-pen-se les bons et pu-nit les mé-chans.

Les en-fans qui ne sont pas o-bé-is-sans ne sont pas ai-més de Dieu, ni de leurs pa-pas et ma-mans.

Il faut fai-re l'au-mô-ne aux pau-vres, car on doit a-voir pi-tié de son sem-bla-ble.

Un en-fant ba-bil-lard et rap-por-teur, est tou-jours re-bu-té par tous ses ca-ma-ra-des.

On ai-me les en-fans do-ci-les; on leur don-ne des bon-bons.

Phrases à lire.

Un enfant doit être poli.

Un enfant boudeur est haï de tout le monde.

Un enfant qui est hon-nête et qui a bon cœur, est chéri de tous ceux qui le connaissent.

L'enfant sage est la joie de son père.

Le lion est le roi des animaux.

L'aigle est le roi des oiseaux.

La rose est la reine des fleurs.

L'or est le premier des métaux ; il est le plus dur et le plus rare.

La baleine est le plus gros des poissons de la mer.

Le brochet est un poisson vorace, qui détruit les autres poissons des rivières et des étangs.

3*

L'homme a cinq sens, ou cinq manières d'apercevoir ou de sentir ce qui l'environne.

Il voit avec les yeux.

Il entend par les oreilles.

Il goûte avec la langue.

Il flaire ou respire les odeurs avec le nez.

Il touche avec tout le corps, et principalement avec les mains.

Phrases à lire.

Les quatre élémens qui composent notre globe,

sont : l'air, la terre, l'eau et le feu.

Sans air, l'homme ne peut respirer.

Sans la terre, l'homme ne peut manger.

Sans eau, l'homme ne peut boire.

Sans feu, l'homme ne peut se chauffer.

La réunion de ces quatre élémens est donc nécessaire à l'homme, pour vivre.

C'est l'air agité qui produit les vents, qui cause les orages, les tempêtes, et qui est la source de mille phénomènes qui arrivent journellement dans l'atmosphère.

C'est la terre qui produit toutes les substances végétales dont l'homme se nourrit, ainsi que les animaux qui la couvrent ; c'est au fond de la terre qu'on trouve le marbre, l'or, l'argent, le fer, et tous les autres métaux.

C'est dans l'eau, c'est-à-dire dans la mer, les fleuves, les rivières et les ruisseaux, qu'on pêche cette quantité prodigieuse de

poissons de toutes gran-
deurs et de toutes gros-
seurs, qui servent d'ali-
mens à l'homme.

C'est le feu qui échauffe
la terre, qui anime et vivi-
fie toute la nature. C'est le
feu qui nous éclaire dans
les ténèbres.

———

Les fleurs sont la parure
de la terre, et l'ornement
de nos demeures, qu'elles
parfument de leurs odeurs
agréables.

Les principales fleurs qui
embellissent nos jardins et

parfument l'air , sont l'œillet ,
la renoncule , la jonquille ,
la violette , le muguet , la
tubéreuse , la giroflée , la
pensée , l'iris , l'héliotrope , la
marguerite , le jasmin , le
lilas , l'anénome , l'hortensia ,
la tulipe , etc.

———

Les arbres font l'ornement
de la terre.

Les principaux arbres qui
portent des fruits propres
à la nourriture de l'homme,
sont le pommier , le poirier,
le pêcher , l'abricotier , le
prunier , le cerisier , le

groseiller, le néflier, le cognas-
sier, l'oranger, le citronnier,
le noyer, etc.

Les arbres qui ne por-
tent point de fruits propres
à la nourriture de l'homme,
servent à d'autres usages,
et sont employés soit en
bûches, soit en planches,
soit d'autre manière, pour
les besoins ou les agrémens
de la société.

Les principaux de ces
arbres sont le chêne, l'orme,
le peuplier, l'érable, le sapin,
le pin, le buis, le saule,
l'acacia, etc.

Les plantes que le ciel

a semées sur la surface de la terre, se divisent en plantes potagères et en plantes médicinales.

Les principales plantes potagères sont : la carotte, le navet, le chou, le panais, les raves, le potiron, la laitue, le persil, la ciboule, le cerfeuil, les salsifis, le céleri, le poireau, les épinards, l'oseille, etc.

Les principales plantes médicinales sont : la bourrache, le chiendent, la guimauve, la coriandre, le fumeterre, etc., etc.

A.   ARC (L').

UNE moitié de cerceau, une corde bien tendue aux deux bouts dans deux crans pour qu'elle ne glisse pas sur les nœuds, un cran au milieu du cerceau, pour y poser la flèche, afin qu'elle ne vacille d'aucun côté : voilà pour l'arc et la flèche.

Le but où doit s'adresser la flèche est un carton blanc, au milieu duquel est un rond noir; et c'est celui qui a piqué dans le rond noir, ou le plus près, qui a le prix.

4

B.   BARRES (LES).

LA bande de joueurs se sé-
pare en deux groupes, et forme
deux camps à 150 ou 200 pieds
de distance : on tire deux lignes de démarcation pour
fixer les limites de chaque
camp, et deux autres plus en
avant marquent le lieu de la
sauve-garde pour ceux qui y
viennent demander *Barres*.
Un des joueurs se détache, va
au camp opposé demander
Barres sur quelqu'un : celui
sur lequel on a demandé *Bar-*
res court sur le demandeur,
et tâche de le toucher et de
le faire par-là son prisonnier.

Si, par erreur, ou autrement, deux joueurs sortaient du camp pour courir sur celui qui a demandé *Barres*, celui-ci a droit de se retourner, et s'il en touche un, d'en faire son prisonnier. Quand l'engagement commence, celui sur lequel on court doit être défendu par un autre de son camp ; un second sort alors du camp ennemi pour soutenir le premier combattant; de sorte qu'une partie de deux camps peut être sortie, courant l'une sur l'autre, jusqu'à ce qu'il y ait un prisonnier de fait; alors, pour arrêter les coureurs, on crie : *Pris.* Si l'on a fait des prisonniers ;

on les met à la tête du camp, se tenant par la main. Il faut pour les délivrer que ce soit un de leurs partisans qui vienne les toucher; tout le camp a droit de courir sur celui qui arrive pour délivrer les prisonniers. On joue aussi sans faire de prisonniers; celui qui est pris passe dans le camp ennemi, et la partie se termine quand il ne reste plus personne dans l'un des deux camps.

C. CERCEAU.

CE jeu ne peut s'exécuter que dans un emplacement vaste et bien uni. On fait tourner le cerceau comme une roue, en l'entretenant toujours dans le même mouvement. On se sert pour cet effet d'un petit morceau de bois avec lequel on pousse le cerceau, pour accélérer sa marche ou la diriger.

D. DIABLE (le).

Ce jeu est d'invention moderne; celui qui le joue a deux petits bâtons liés par un cordonnet; il les écarte un peu pour que le diable se soutienne en équilibre dans la courbure du cordon; il élève alternativement les mains pour lui imprimer le mouvement;

4*

il élève cependant beaucoup plus haut la main droite par de légères secousses, ce qui le fait tourner; il presse peu à peu ce mouvement, qui devient de plus en plus rapide; sans que le diable perde l'équilibre, il augmente de vitesse, et le diable commence à chanter : c'est l'effet de l'air qui entre par ses petits trous; le bruit augmente à mesure qu'il tourne plus vite. Lorsque le diable va de biais sur le cordon, il faut se prêter à son mouvement, le suivre en marchant, de manière qu'il se trouve toujours droit vis-à-vis du corps. On fait tourner sur un des bâtons, ensuite

on le fait retomber sur la
corde; puis on le jette en l'air
et on le reçoit sur la corde
tendue; il remonte et redes-
cend sans perdre l'équilibre.
Pour la grande ascension, il
faut tendre fortement la corde
en écartant rapidement les
bras, cela le fait sauter au
plancher.

E.   ÉCHASSES.

Ce sont deux espèces de
perches ou bâtons, longs de
cinq ou six pieds, qui ont, à
une certaine hauteur, un morceau de bois qui fait une espèce d'étrier, sur quoi on
pose le pied pour être plus

2345678901234567890

élevé en marchant, et qui aident à marcher dans les lieux marécageux. On prend les échasses, soit comme un soldat saisit son fusil, soit en les passant derrière le bras. Il faut avoir soin de tenir le corps dans une position verticale, et les pieds fortement fixés sur les appuis.

F. FRANCHE TOUPIE (LA).

LA franche toupie est un morceau de bois rond, traversé par une cheville de fer, dont la pointe d'en bas sert de pivot à la toupie; et le bout d'en haut est pour retenir la corde qu'on enroule autour et que l'on lance avec force contre terre. La toupie prend alors un mouvement rapide de rotation, pendant lequel on peut la prendre toujours tournante sur la paume de la main. On la lance aussi quelquefois contre un but, sur une autre toupie, ou une pièce d'argent, qu'il est difficile d'attraper, mais qui fait gagner quand on réussit.

G. GLISSADE.

Il faut beaucoup d'adresse à ce jeu pour éviter les chutes dangereuses. On se met plusieurs à la file, on prend son

élan ; on arrive à la glace la
jambe droite en avant, le corps
droit, et les bras placés horizontalement pour garder
l'équilibre; on frappe la glace
du pied gauche, ce qui s'appelle donner le coup de patin,
et ce qui fait aller plus vite ;
on va aussi en équilibre sur
une jambe seule, et on prend
des positions où l'on peut dé-
velopper de la grâce et de
l'adresse.

H. HONCHETS (les).

Le bâton à crochet debout,
on laisse tomber dessus tous
les honchets ou petits bâtons

que l'on tient de l'autre main,
après quoi il faut avec le crochet enlever chaque honchet
successivement sans que les
autres remuent; celui des
joueurs qui les a fait remuer
cède son tour au suivant; il
faut qu'ils soient tous enlevés
pour terminer la partie. Les
principales pièces sont le roi,
la reine, le dauphin et le
cheval, qu'on distingue par
leurs signes caractéristiques.
A la fin de la partie chacun
des joueurs compte la valeur
des pièces qu'il a enlevées et
dont il a fait son tas. Le roi
vaut *cinq*, la reine *quatre*, le
dauphin *trois*, et le cheval
deux, et chaque honchet *un* :

ce qui fait en tout *cinquante*
points. Celui qui en a le plus
gagne la partie.

I. INDES (JEU DES).

ON joue à ce jeu avec une
toupie qu'on lance avec force
au milieu de quilles qui sont
arrangées sur un plateau dis-
posé pour ce jeu.

Les quilles de la première case comptent chacune un point.

Les quilles de la deuxième
case comptent chacune deux
points.

Les quilles de la troisième
case comptent chacune trois
points.

Lorsque l'on fait tomber toutes les quilles de chaque case, elles ont double valeur, c'est-à-dire que les quilles de la première case , au lieu de compter 9 points, comptent 18 points. Ceux de la deuxième, au lieu de 18 , comptent 36 points. Ceux de la troisième, au lieu de 27, font 54 points.

Quand on passe dans la quatrième ou dernière case, on compte 20 points.

Quand la toupie remonte de la deuxième case à la première, on compte 10 points.

Quand elle remonte de la troisième à la deuxième , on compte 20 points,

5

Si elle remonte de la troisième à la première, on compte 30 points.

Si elle remonte de la quatrième case à la troisième, vous comptez 50 points, y compris les 20 points d'entrée.

Si elle remonte de la quatrième à la deuxième, vous comptez 70 points.

Si elle remonte à la première, 80 points.

Il faut observer que, si la toupie rentre dans les cases en roulant de côté, les quilles qu'elle fait tomber se comptent; mais elles ne comptent pas les points de passage.

J.   JAVELOT.

On se sert d'un bâton parfaitement droit, plus ou moins long et pourvu à l'un de ses bouts d'une pointe de fer. L'autre bout peut être construit comme une flèche. On règle la grosseur et la pesanteur du javelot selon la force corporelle de celui qui le lance. On le saisit au milieu, c'est-à-dire, qu'il soit en parfait équilibre; on le balance quelque temps entre les doigts en remuant le bras en avant et en arrière, et au moment de lancer, on le pousse de toutes ses forces vers le but désigné.

K. KINARD ou L'ÉMIGRETTE.

Le kinard est un rond de bois, ou d'ivoire, ou d'écaille, ou de métal, creusé dans son pourtour à une certaine profondeur, comme une poulie.

Un bon cordonnet est attaché au centre du kinard, et, par une légère secousse, on fait enrouler ce cordon, qui entre dans la rainure. L'habileté du joueur consiste à entretenir cet enroulement du cordonnet, et à le tenir toujours en activité, malgré les tours qu'on fait faire au kinard.

L. LONGUE-PAUME (la).

On choisit pour ce jeu une grande place, dont le terrain soit uni et bien pavé.

On joue plusieurs à ce jeu, comme trois, quatre, cinq contre cinq, et l'on se sert également du *Battoir*, de la main ou du tamis.

Le *service* se fait à la main et non avec le battoir. Les parties sont de trois, de quatre, de cinq et quelquefois de six jeux, selon les conventions.

Quand la balle est lancée par le *serveur*, avec assez de roideur pour que les joueurs du parti contraire ne puissent

5*

l'attraper, ils perdent *quinze,*
et quand on ne pousse point
la balle jusqu'au jeu, c'est
quinze de perdu au profit des
adversaires.

Les *chasses,* à la longue paume, se marquent à l'endroit
où s'arrête la balle en roulant,
et non pas à celui où elle frappe.

Qui touche de quelque ma-
nière que ce soit la balle
poussée par des joueurs de
son parti perd *quinze.* Toute
balle poussée hors du jeu est
autant de quinze perdus pour
celui qui l'y pousse.

La balle est *bonne* au premier bond, et ne vaut rien
au second.

M.   MARELLE (LA).

CE jeu consiste en ce que
le joueur, en sautant sur un
pied, pousse devant lui une
pierre plate, qui communé-
ment est un morceau de tuile
arrondi, dans les cases d'une
certaine figure tracée sur le
parquet d'une grande salle
avec un morceau de craie,
ou dans un terrain sablonneux
avec un bâton. Cette figure est
ordinairement de 14 à 15
pieds de longueur.

Les joueurs A B se mettent
devant la ligne C B, parce
que c'est là où commence le
jeu. A commence, et jette la

pierre dans la case 1, y entre
en sautant sur un pied, et
pousse la pierre au-delà de
A B; ensuite il revient à son
poste. Maintenant il jette la
pierre dans la case 2, y entre
et la pousse dehors; puis il la
jette dans la case 3, il y saute
également sur un pied et ren-
voie la pierre au-delà des cases
qu'il a déjà parcourues. Les
cases 4 et 8 sont destinées à se
reposer. S'il veut renvoyer la
pierre de cet emplacement, il
peut le faire en la lançant par-
dessus toutes les autres cases,
c'est-à-dire, de 10 à 9, 8, 7 6,
etc, ou même en posant la pierre
sur le pied avec lequel il
saute, il la jette, en faisant un

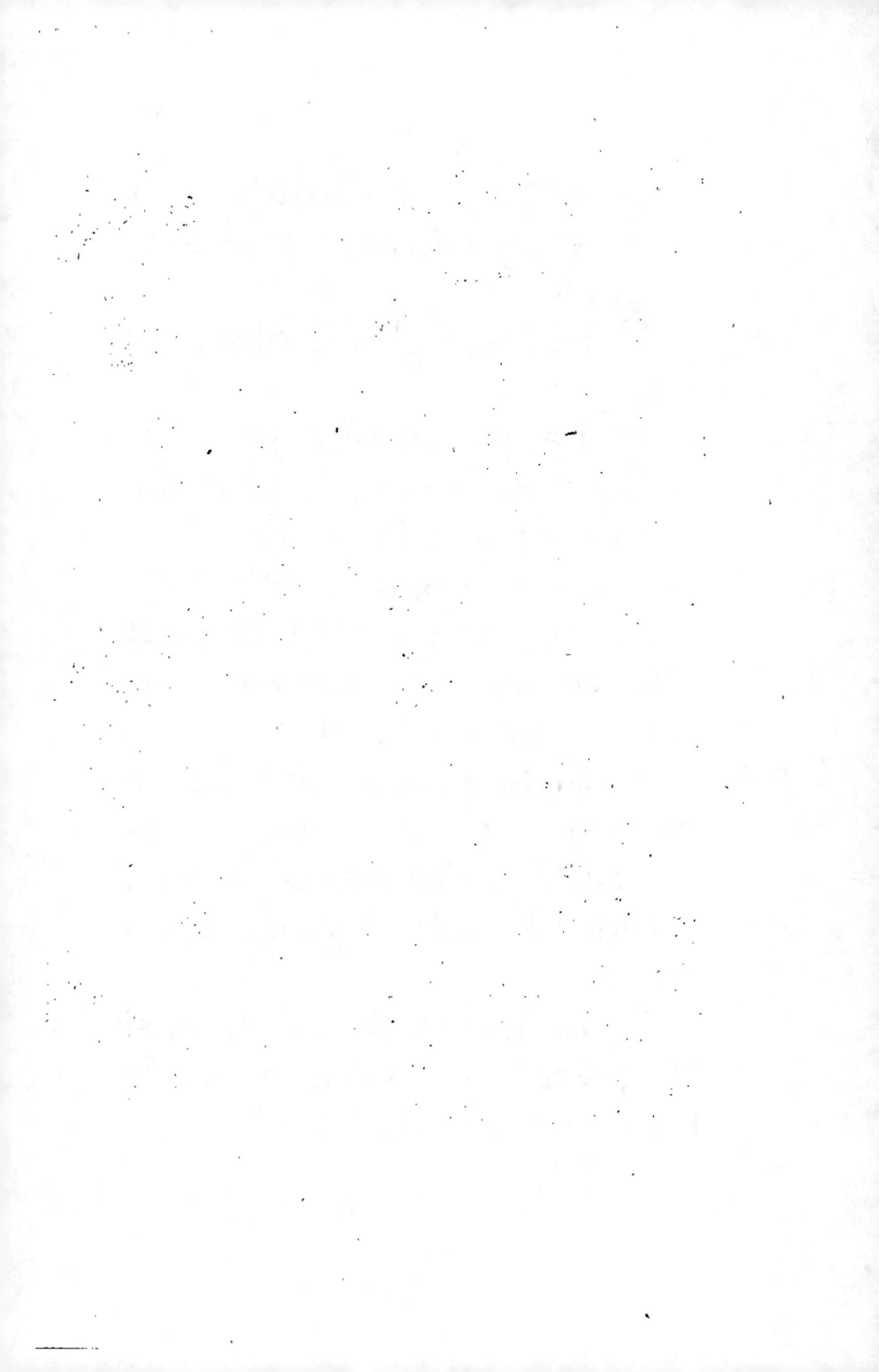

petit saut de l'endroit 8 ou 4 où il se retrouve, par-dessus 3, 2, etc.

Voici les règles à observer à ce jeu.

1° La pierre sera jetée de la ligne A B dans la case déterminée; si elle tombe dans une autre case, ou si elle reste sur la ligne, le joueur ne peut plus continuer, mais son successeur prend la place.

2° Si le joueur touche en sautant ou en poussant la pierre, une des lignes tracées, il cède aussitôt sa place à un autre.

3° La même chose a lieu, si la pierre qu'on a poussée reste sur une ligne.

4° Si la pierre dépasse un des côtés de la figure, le joueur a également perdu ; il faut qu'elle passe entre les lignes A B.

5° S'il perd l'équilibre et s'il saute hors de la figure tandis que la pierre se trouve dedans, et s'il touche la pierre avec le pied qu'il retient élevé, il a perdu son tour dans le jeu.

6° Celui qui jette le premier la pierre dans la dernière case, et qui la pousse de cette case à l'endroit d'où il est parti, a gagné.

N. NOYAUX (les).

Après qu'on a fait un trou qui s'appelle *pot*, chacun des joueurs prend plusieurs noyaux et en même nombre, supposons quinze ; alors on se place à la distance marquée, et chacnn jette la poignée de noyaux dans le pot, le second joue ce qui reste dehors ; s'il met impair, il ne gagne rien, et le troisième joue la totalité, ainsi de suite pour tous les joueurs.

O. OSSELETS (les).

On peut jouer avec plus ou moins d'osselets : ordinai-

rement on en prend cinq.
Presque toutes les manières
de jouer sont nommées ; voici les *premières* : on prend
en mains les cinq osselets, on
en jette un en l'air et on pose
les autres sur la table , on en
reprend un avant que le premier soit tombé , et ainsi de
suite jusqu'au dernier. Voici
les *secondes* : on en prend
deux à la fois pendant que
les premiers retombent ; aux
troisièmes, on en prend trois,
et quatre aux *quatrièmes.*
Ensuite on *baise* l'osselet pendant que l'autre est en l'air,
on fait le *mea culpa* en frap-
pant sa poitrine avec un osselet, ou bien le *signe de la*

croix; on passe sa main derrière le dos, et pendant que l'osselet est en l'air on en tient un dans sa main.

Viennent ensuite les *passe-passes.* On fait un arc avec le pouce et l'index, et chaque osselet passe dedans; pendant que l'autre est en l'air, on fait les *échanges* en mettant un osselet à la place d'un autre, les *rafles* en ramassant tous les osselets ensemble; on joue les *creux* et les *dos,* en les retournant tous les uns après les autres sur le côté indiqué, etc., etc.

P. PALET (le).

Ce jeu se joue avec une pierre assez grande, plate et ronde, ou un morceau de fer. On jette une pièce de monnaie ou son palet même vers un but donné; le plus près est le *preu;* les autres ont leur rang en raison du plus ou du

6

moins de proximité du but, et le plus éloigné est le dernier, et met le but.

Chacun des joueurs met la même pièce de monnaie sur une pierre ou brique, et chacun joue à son tour. Il faut, pour gagner, renverser le but avec son palet; il tombe avec ces pièces de monnaie, et celles qui se trouvent plus près du palet du joueur, ou de ceux qui ont été joués avant lui, appartiennent à ces palets. Si toutes les pièces n'ont point été renversées de la brique, on les y remet. Quand deux palets se touchent, ils *brûlent,* ils ne valent plus, et on les relève. Quand l'un des deux touche à la brique, on ne les relève point; mais si le joueur dont le palet touche à la brique est à jouer avant l'autre, celui-ci avance son palet à la place du premier; on perd son coup, lorsqu'on joue avant son tour.

Q. QUILLES (les).

Le jeu de quilles consiste à abattre avec une boule un certain nombre de quilles fixé par les joueurs. La boule doit être pour la grosseur en proportion de celles des quilles : on peut jouer à ce jeu plusieurs ensemble.

Celui qui a la boule joue le premier, et celui que le sort a désigné pour jouer le dernier met le but.

Il faut, pour gagner la partie, faire précisément le nombre de quilles fixé; si on le passe, on *crève*.

Toute quille abattue par autre chose que par la boule, ne compte pas. Un joueur qui jetterait la boule avant que toutes les quilles ne fussent redressées est obligé de recommencer à jouer.

Toute quille qui tombe quand la boule est arrêtée, ne vaut pas. Il en

est de même de celle qui, déjà ébran-
lée, mais soutenue par une autre, ne
tomberait que quand on aurait ôté
celle-ci.

Celles que la boule, une fois sortie
du jeu, fait tomber en y rentrant, ne
comptent pas non plus.

R. ROULETTE (LA).

JEU d'exercice que l'on joue debout
autour d'une machine faite exprès,
disposée en forme de galerie.

On jette une boule blanche ou
noire dans une galerie, d'où, après
plusieurs circuits, et étant renvoyée
de différens cotés, cette boule s'arrête
enfin sur une case de sa couleur, ou
de celle opposée, ce qui décide du
gain ou de la perte.

S. SIAM (LE).

On a, comme au jeu de quilles ordinaire, des quilles minces, qu'il faut tâcher d'abattre; la différence de ce jeu de Siam, c'est que la boule n'est pas ronde, mais qu'elle est presque plate et à pans coupés, en sorte qu'elle roule sur son côté, qu'elle fait des détours et des lignes courbes qu'il est de l'habileté du joueur de savoir diriger. On ne la jette point directement contre les quilles, mais de côté et hors des quilles, parmi lesquelles, dans un mouvement oblique, elle entre et fait des abattis, en décrivant des lignes courbes.

T. TRAINEAUX.

Le traîneau est une espèce de petit chariot sans roues, qui procure un

6*

amusement agréable sur la glace. Le
jeu consiste à faire glisser, en le diri-
geant soi-même, le char léger sur la
surface d'un lac, d'un étang ou d'une
rivière glacée, à devancer ceux qui
précèdent, à les heurter même dans
leur marche, pour avoir la carrière
plus libre.

U. USCOLIER ou ASCOLIER.

Ce jeu, qui était joué par les Anciens,
demande beaucoup d'adresse et d'a-
plomb, et surtout de bien conserver
les lois de l'équilibre. On prend une
outre ou une peau de bouc qu'on enfle
comme un ballon, et qu'on frotte de
matière onctueuse. Alors on essaie de
se tenir d'un pied sur ce ballon, ayant
l'autre en l'air. Les chutes y sont fré-
quentes et peuvent devenir quelquefois dangereuses.

V.   VOLANT.

Ce jeu ne s'apprend que par l'exercice et l'habitude. En conséquence, il y a peu de règles à prescrire, car on ne peut se donner l'œil plus ou moins juste. L'essentiel est de s'étudier d'abord à choisir des volans bien faits, des raquettes légères dont le filet soit bien tendu, dont le manche ne soit point gauche. Il faut bien recevoir le volant, ne jamais le laisser tomber, ou le relever adroitement. Il faut que le corps et la main ne changent pas pour ainsi dire de place; que le volant soit tenu à peu de hauteur horizontalement, les raquettes à peu près droites, et le mouvement du bras très-doux. On peut de cette manière faire des parties de deux à trois cents coups, et en compter jusqu'à mille.

X. XERCOLIN (le) ou LE JEU DU FRANC CARREAU.

Ce jeu consiste à jeter en l'air une pièce de monnaie, ou une médaille, et la faire tomber sur des carreaux égaux et réguliers d'un appartement; celui-là gagne lorsque la pièce est tombée franchement sur un carreau et qu'elle s'y fixe.

On peut aussi, pour rendre le jeu plus difficile, convenir

de la hauteur où la pièce sera jetée. Quoique très - simple, cette sorte de jeu demande un coup-d'œil juste et une main assurée.

Y. YRIS (L') ou LE JEU DU TROU-MADAME.

On peut s'amuser à ce jeu dans l'allée d'un jardin. A cet effet, il faut avoir à une certaine distance, contre un mur, une espèce de petite galerie faite en planches, et composée de treize arcades ou portiques.

Sur les 13 cases ou entrées de cette galerie sont marqués des chiffres dans l'ordre suivant : 12, 3, 7, 9, 5, 1, 13, 2, 6, 10, 8, 4, 11.

Il faut, avec 13 boules qu'on prend, faire 31 points. Si l'on crève, c'est-à-dire, si l'on fait plus de points, l'on perd la partie.

Si le premier qui a joué fait trente et un points du premier coup avec ses treize boules, cela n'empêche pas les autres joueurs de jouer, et si chacun des joueurs faisait également 31, le coup serait nul, sauf à recommencer.

Cette partie se joue aussi en cent points. Si l'on crève, l'on ne gagne pas; mais les points que l'on a fait de plus que le cent se comptent sur la partie qu'on re-commence.

―――――

Z. ZIN (LE) OU LE JEU DE LA SAVATTE.

POUR jouer ce jeu, la compagnie s'assied à terre en rond, excepté une personne qui reste debout au milieu, et dont la tâche est d'attraper un soulier que la compagnie se passe de main en main par dessous, à peu près comme une navette de tisserand. Comme il est impossible à celui qui est debout de voir en face tout le cercle, le beau du jeu est de lui donner des coups de talon du soulier, du côté qui est hors de défense. Ce jeu procure de l'exercice.

———

Les importuns sont toujours châtiés.

CONTE.

Deux enfans étaient auprès d'une ruche. L'un deux, plus curieux que son camarade, voulut s'en approcher pour tâcher d'examiner l'intérieur; mais à l'instant il fut vivement piqué par deux ou trois abeilles, et sa joue enfla. Revenu à la maison, son père n'eut pas de peine à deviner la cause de la mésaventure; je te l'avais bien dit qu'il ne faut jamais que les oisifs interrompent les travailleurs, s'ils ne veulent être punis de leur témérité.

FIN.

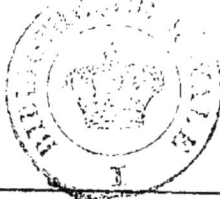

VERSAILLES.—Imprimerie de MARLIN, avenue de St.-Cloud, n° 5.

		100	
	68	1177	3
	38	6	
	76	42	"
	81	39	17
	83	120	"
	83	120	"
	83	341	"
	83	120	"
	83	147	9
	84	267	11
	109	1111	"
	131	2	8
	131	63	2
	131	263	11
	138	24	"
	138	26	6
	138	15	3
	138	281	2
		7276	12

www.ingramcontent.com/pod-product-compliance
Lightning Source LLC
LaVergne TN
LVHW050611090426
835512LV00008B/1446